Shades Of Embracing Imperfections

The Inner Voice Written....

Snusha Sunil Jadhav

Dedication

I Solely Dedicate this book to my **Mumma, Pappa, Maasi, Pro** and **My Entire Family**

AND

My teacher Archana mam

Preface

The journey of writing this book has been both Interesting and rewarding. It started long back when I might be in my early teens, it has been from then i started to compile my poems and would amend them as time being.

This is compilation of true thoughts with My purpose of writing all the poems is expressing what I personally feel and let my questions-based work reach my readers to rethink upon my what I have written. I don't intend to target any particular part or section of the society

In these pages, I have tried to capture Egalitarian point of view, very Valuable memories while growing up, Real life problems which almost each of us face. I wouldn't have been able to write such poems shared here if I didn't have ended up in school I am from. Through this book, I hope to gather more readers for standing up for non-sympathetic equality in society

The poems and insights shared here are drawn from what I see around in society through my keen eyes and questioned it wherever good or bad and the answers from my parents led me to develop my thought process.

Through this book, I hope to inspire more and more

people to develop their own thinking rather than just going with the flow.

I want to take a moment to thank everyone who has supported me on this journey. Your encouragement, feedback, and unwavering belief in this book have been invaluable.
Thank you for joining me on this journey. I hope you enjoy reading this book as much as I have enjoyed writing it.

Snusha Sunil Jadhav

Acknowledgements

Writing this book has been a remarkable journey, and I couldn't have completed it without the support and encouragement of many incredible people.

First and foremost, I would like to thank **Bookleaf Publications** for **21-day challenge** which inspired me to write even more and better

A special thanks to my family –

My Maasi - Vandana Sawant

Papa - Sunil Jadhav

Mumma - Manisha Jadhav

My elder brother - Who is no more with us but always an integral part of my family who has always been my mentor

My cute little naughty brother- Pro, who have always believed in me and provided unwavering support. Your love and understanding gave me the strength to persevere through the toughest times.

My dear friend Vaishnavi who actually helped me uploading my poem when I had technical issues at mid nights to helping me finalize book title and actually designing the cover your constant cheerleading and constructive feedback helped

shape this book into what it is today. Our countless discussions and brainstorming sessions were both enlightening and enjoyable.
Most importantly **my critiques** whose criticism got into thinking and writing all these poems
Lastly, a big thank you to my readers. Your interest and engagement make all the effort worthwhile. I hope this book resonates with you and provides value in your journey...

1. New Journey with same me

The completely new journey with the same me
Might be the path is old
But unfolding in a fresh way
And so, I call it a new journey

The journey towards a passion
The passion to write
The passion to right
The passion to brighten
The passion to high flight
Called my words

Some things we do after thinking
But some we do even when we stop thinking
And so is my habit to write and right
Which comes to me blinking

And ends up getting me syncing within

The first work not necessarily written first
But might show that writing is my thirst
My pen, my book, act as water whenever I burst
And then all those bursting tears flow through
the page
the notes
As they translate into the words I write

Writing the poems or articles is not my profession
Rather be it the confession
For me by me
It is notation
By me for me
It is a habit
For me from not me
But my Mumma
For the very sensitive me
Who might understand them

But even expects the change for good
Who has questions on every step
But answers already within me

It's a dance between heart and hand,
A rhythm I strive to understand,
Translating life's highs and lows,
Into the ink that freely flows.

2. बदलते हैं

मकान बदलते हैं
मुकाम बदलते हैं
पर घर नहीं

रास्ते बदलते हैं
रिश्ते बदलते हैं
पर मंजिल नहीं

लम्हें बदलते हैं
कहानी बदलती है
पर यादें नहीं

दिल बदलते हैं
दिमाग बदलता है
पर चाहत नहीं

सपने बदलते हैं
हकीकत बदलती है

पर उम्मीद नहीं

फूल बदलते हैं
मौसम बदलता है
पर खुशबू नहीं

शब्द बदलते हैं
अर्थ बदलते हैं
पर भावना नहीं

रंग बदलते हैं
तस्वीर बदलती है
पर यादें नहीं

3. में कहा हूँ

सालों से जो सपने देखे,
क्या वास्तव में उनके लिए बना हूँ?

अनेक अपने हैं,
लेकिन उनकी उम्मीदों पर मैं कहाँ ठहरा हूँ?

सपनों की खोज में खोया,
खुद से कब पूछा हूँ?

लाचारों की व्यथा देख,
आँखें नम हो जाती हैं,
शायद इसलिए कि अंदर कहीं,

मैं भी असहाय हूँ।
कभी किसी से पूछ न सका,

कि क्या मैं आपकी मदद कर सकता हूँ।
पूछ कर करूं भी तो क्या,
जब मैं खुद कुछ नहीं कर पाता हूँ,

खुशियों का प्रसार हो चारों ओर,
अपने रिश्ते मज़बूत बने रहें।

कोई माँ दस दिन के बच्चे के साथ,
सड़कों पे लाचार न घूमे ।

कोई बहन छोटे भाई के लिए,
अपनी शिक्षा न छोड़े।

किसी पिता को खुद भूखा न रहना पड़े,
न ही धूप में अपने पैर जलाने पड़े।

सुंदर सा घर हो, जिसमें माँ-पापा और भाई का बसेरा हो।
माँ-पापा के होंठों पे मुस्कान हो,
आँखों में खुशी के आँसू।
मन में गर्व हो, दिलों में विश्वास।
सपने जो सहेजे, वे हकीकत का रूप लें।

जीवन के हर मोड़ पे, हम खुशियों से सजें।
हर कठिनाई में, हमेशा उम्मीद का दीया जलाएँ।
दूसरों की मदद करके, हम भी संतोष पाएँ।

4. Should I Regret

SHOULD I REGRET

BEGINNING AT THE TOP AND
GRADUALLY FALLING DOWN,

WINNING THE HEARTS AND
LOSSING THEM,

FLYING HIGH AND
FINDINǦ WINGS CUT APART.

SHOULDI REGRET

STARTING WITH LOT AND
SHIFTIŅG TO THE CORNER,

HAVING ALL THAT FAME AND
LOOSING IT ALL.

BEING PRAISED BY ALL AND
BEING LAUGHTED UPON.

SHOULD I REGRET

TAKING WILD DESCISIONS AND
ALLOWING NO ONE TO DEMESTICATE THEM.

STANDING UPON MY DESCISIONS AND
NEVER HAVING SECOND THOUGHT

OF BEING SELECTED AND
REJECTED FOR NO REASON.

SHOULD I REGRET

HAVING INDEPENDENT THINKING AND
NOT ALLOWING IT TO BE INFLUENCED BY ANY.

RETURNING FROM RISKS AND
STILL WANTING TO RIST BY LIFE.

LOSING BEST AND
HAVING BESTEST FRIENDS

SHOULD I REGRET

REJECTING EASY AND
CHOOSING TOUGHEST PATH.

EVERYONE DOUBTING AROUND AND
ME STANDING STRONG.

BEING AT CENTRE AND
NO BOUNDARIES AT ALL.

WHY SHOULD I REGRET
HELDINGL MY HEAD UPRIGHT AND
ALLOWING IT NOT TO FRIGHT.

GAINING THE TRUST AND
KEEPING IT RIGHT.

ASKING FOR RIGHTS AND
FOLLOWING MY DUTIES.

5. Where the journey started .

Here I stand at the point where the journey started,
And now I reflect on how the journey was.
I've seen the ultimate wins and the consolations,
At times, even the losses.

Went through the trauma of losing dear ones,
But gathered the courage to not let myself weaken.
And here I stand at the point where the journey started,
And now I ponder how the journey hereafter will be.

Then replied my thoughts:
May it be polished or rough,
May it be sad or happy,
May it be dim or shiny.
It is just me who will be responsible for my path,
Because now it will be the result of my learnings,
My ambition, my courage, my honesty, my modesty,

My dreams, and my parents.

Because the journey before was not my choice,
But the journey hereafter is definitely going to be my
choice,
And it completely depends upon me which way to
choose:
The grassy and polished, or the rough and less traveled
by.

But again, here I choose the second one, the rough and
less traveled by,
Because choosing the easy ways is never me.
However hard the way can or could be,
It should be full of adventure and risk,
Full of ups and downs,
Because one down increases your excitement and want
for up.

I stand tall, with dreams in my eyes,
Ready to conquer the skies.
Embracing the journey with all its strife,
Determined to carve my own life.

With every step, I gain more strength,
To face the world at any length.
For it's my path, my own way,

To a future bright, come what may.

13

6. भि के बाद आती हूं

सपने के गीत गाती हूँ,

नन्ही सी, प्यारी सी हूँ,

पंख फहराना चाहती हूँ।

विकल्प हूँ,

संकल्प हूँ,

विरोध हूँ,

सम्मान हूँ,

खुशी हूँ।

त्योहारों में खिलखिलाती हँसी हूँ,

दिवाली की रंगोली से मूर्त तक बसी हूँ,

होली के रंगों सी मैं हूँ,

सावन के झूलों में हूँ,

फिर भी मैं "भी" के बाद आती हूँ।

गर्मी की तपिश में छांव हूँ,

सर्दी की रातों में ऊष्मा हूँ,

मैं हर मौसम का रंग हूँ,

प्रकृति की अनमोल रंग हूँ।

कभी मैं चाँद की चाँदनी,
तो कभी सूरज की किरण हूँ।
हर जगह में, हर दिशा में,
मैं जीवन का एक चित्र हूँ।
फिर भी क्यों मैं "भी" के ही बाद आती हूँ?

बिना विकल्प मेरा अस्तित्व कहाँ है?
बिना संकल्प के मेरा जीवन नाकाम।
विरोध न करूं तो सागर सी शांत हूँ,
सम्मान दो तो पहाड़ों सी कार्य करूँ।
मेरे आने की खुशी मनाओ तो मैं भी "भी" के पहले आ जाऊँ।

मैं वो सिहरन हूँ जो वादियों में गूंजती है,
सपनों में बसी हूँ, जो हकीकत से मिलती है।
हर मुश्किल राह को आसान बनाती हूँ,
जीवन के इस सफर को रंगों से सजाती हूँ।

सुना एक रोज मैंने कि लड़की "भी" चल जाती,
उसे बस एक संतान हो जाती।
कान तो सुन गए,
पर दिमाग न सुन पाया,
क्योंकि वो ढेरों सवाल ले आया।

सोच उसने इस तरह,
कि क्यों है ये कठिन गिरह?
क्या मेरा आना ही एक "भी" के समान था?
सवाल तो अधूरा है,

जवाब भी शायद अधूरा ही था।

हर सवाल का हल ना मिला,
फिर भी आगे बढ़ते रहे,
सवालों से जूझते हुए,
ज़िंदगी का सफर चलता रहा।
आशा है कभी एक दिन आए,
जब जवाब अधूरा न आए।
तब शायद मैं "भी" के बाद न आऊँ।

7. वो पेड़ नारियल का

वो पेड़ नारियल का
, मानो आसमां छू रहा हो।
नीचे था कुआं जिसके,
दूर कहीं छोटी सी पहाड़ी।

पीछे से निकलता ढलता सूरज,
शाम में वो हवा की लहरें।
जहां देखो सब अपने,
आंखों में नादान से सपने।

साथ में पूरा परिवार,
घर के आगे से निकले तो बसेरा।
पीछे से खेत सारे
, वहीं थोड़ी दूर खेतों से दिखती पापा की स्कूल।
जिस तरफ़ देखते अक्सर मैं और मां,
पापा को पुकारते।

और हम नन्हे से कदमों से खेतों को पार कर,
स्कूल पहुंचने की कोशिश करते।

दादी का वो कमरा,
जहां से खिड़की से खजूर के बीज फेंक,
खजूर के पेड़ उग आए,
मानो दादी अपनी याद छोड़ उन पेड़ों के रूप में।

फूलों की खुशबू से महकता आंगन,
बचपन की यादों में बसे प्यारे पल।
हर दिन था एक नया सफर,
परिवार के संग, दिल से जुड़े हर पल।

झूला झूलते सावन में,
संग गाते लोकगीत सारे।
माँ के हाथों का बना गुड़ और मक्खन,
हर शाम की मिठास बढ़ाते।
खेतों की बांध पर लगे बेर के पेड़,
जिन पर चढ़ना सीखने से पहले ही,
हम उन्हें छोड़ आए।

संध्या के समय आंगन में बैठ,
सभी मिलकर बातें करते।
चूल्हे की रोटी और दाल का स्वाद,
मन को आनंदित कर देता।

वो नारियल के पेड़ की टूटी शाखें,

जिनसे हम मोटर-मोटर खेलते थे।
दीदी और मेरे दोनों भाई, मानो छोटे बन जाते थे।
गाड़ी के पुराने टायर पर बैठना,
फिर उसी के पीछे दौड़ना।

रेडियो पर खबरें सुनना,
भाई के पीछे-पीछे,
चुपचाप उसके घर तक पहुँचना,
और उससे खुश हो जाना।

खेतों में दौड़ते-भागते,
खिलखिलाते बचपन के पल।
माटी की सौंधी खुशबू में,
जीवन का अनमोल सफर।

रात में घर के पिछले हिस्से में खटिया पर खाना खाना,
और फिर से खेतों में घूमने जाना।
बहुत डरती थी मैं,
माँ-पापा के बीच चलती थी,
पर वो मेरी अपनी मिट्टी थी।

अब तो बस यादें रह गईं,
गांव छूटा,
यादें छूटीं,
लोग छूटे,
मानो हमारा एक हिस्सा ही छूट गया हो।

चाहें भी तो वापस उन दिनों में जाना मुमकिन नहीं।
ना वो लोग रहे,
ना रहे हम वैसे।
ना गांव वैसा रहा,
ना रहा हमारा नारियल का पेड़।
सब वहीं है पर हम आगे निकल आए।
लगता है कभी वापस उन दिनों में जाना मुमकिन हो पाएगा भी कि
नहीं।

8. हम फर्ज़ निभा के देखे

हक्क तो सब मांगते हैं,
फर्ज़ निभा कर देखें कोई।

हर कोई खड़ा उस मैदान में मांगे हक्क रहा है,
ना जाने किसी को अपने फर्ज का भी पता है।

इतिहास कह गया, हक्क मांगने वाले से बड़ा,
फर्ज निभाने वाला रहा है।

क्या कभी देखा आपने माता-पिता को हमसे अपना हक्क मांगते हुए?
पर हम नादान, हर पल हक्क ही का गाना गाते रहे।

क्या पर्यावरण ने मांगा सामने से कोई हक्क?
उसने तो जन्म के साथ ही फर्ज निभाए हैं।

हमारी मांगे पूरी करते हुए, सारे हक्क तो दे दिए कानून ने हमें,
पर क्या हम अपने फर्ज निभाने में सफल हुए हैं?

रास्ते के किनारे कूड़ा फेंकते हुए शर्म नहीं आई,
पर किसी ने उसी रास्ते से थोड़ा हटने को कहा, तो हक्क की पुकार
चिल्लाई।

क्या फर्क कभी माता-पिता ने किया अपने दो बच्चों में?
फिर क्यों दोनों के फर्ज में फर्क दिखा?

हक्क मंगवाने वाले तो हर नुक्कड़ पर मिल जाएंगे,
पर फर्ज का ज्ञात कराने वाले कुछ ही होते हैं।

महात्मा ने हक्क की लड़ाई में,
फर्ज पूरे कर गए तो देश ने उन्हें राष्ट्रपिता का ओहदा दिया।

कब तक चलेगी यह हक्क और फर्ज की लड़ाई?
क्यों नहीं बन के रहें यह दोनों भाई-भाई?

हक्क और फर्ज, एक ही सिक्के के दो पहलू,
जुड़ जाएं तो जीवन बने काव्य का सजीव स्वरूप।

सपनों को देखो, कैसे वो खिलते हैं,
फर्ज निभा कर, कैसे हम मिलते हैं।

सच्चाई का दर्पण हो जाए हर आना,
हर इंसान बने नेक, हर जीवन हो सुहाना।

सच्चे दिल से निभाना अपने फर्ज,
सजता है जीवन, खिल उठते हैं हर्ज।

9

. सपने आज़ादी और पँख

सपने आज़ादी और पँख

क्यों दिये सपने, आज़ादी क्यों दी।

जब एक दिन काट ही डालने थे तो पँख क्यों दिये।

ना होते सपने अगर, तो खुश होते हम।

ना मिली होती आज़ादी कभी , तो ख़ुश होते हम।

ना मिले होते पँख अगर तो ख़ुश होते हम।

ना होता दुःख उतना, सपने ना होने पे।

जितना उनके टूटने पे है।

ना होती नाराज़गी उतनी आजादी ना होने पर।

जितनी उसके छिन जाने पर है।

ना होते ना उम्मीद उतने पँख ना होने पर।

जितने उनके कट जाने पर है।

10. I WANT NO SPECIAL TREATMENT

Ladies First करते, I want no special treatment,
मांग नहीं रही हूं मैं किसी की judgement.
Reservation देके give me no placement,
क्यों करू मैं ही always adjustment?
मेरी एक argument,
Leads to lifetime punishment.
मैं कोई चीज नहीं हूं for you to do my management,
It's you who seeks for मेरी maintenance की payment,
नहीं हूं मैं robot की replacement.

मेरी भी कोई आवाज, not just an echo in the dark,
I stand strong, leaving my own mark.
समानता बस एक शब्द नहीं, it's my right,
इस सफर में, I'll shine my own light.

अपनी पहचान Dont Erase Me
मेरे हक़ और फर्ज़ को समझो,and accept it ,
मैं भी इंसान हूं, म I too have some dreams,
सपनों की उड़ान में, I have strong goals .

हर कदम पे ना मुझे रोको, ना टोको,
मेरे सपनों को खुला आसमां दो।
मैं भी तुमसे किसी मायने में कम नहीं,
अपने रास्ते पर चलने दो, किसी के दम नहीं।

ना गहनों की, ना साड़ी की मैं मोहताज,
मुझे चाहिए बस खुली हवा, और समाज।
जहां मेरी आवाज़ को मिले सम्मान,
मेरे लिए हो सच्चा ईमान।

11. Those days ......

Those days...............

Care less
Shame less
Pity less

Worry free
Joyful spree
Endless glee

Bright skies
Mud pies
Butterfly ties

Endless plays
Sunlit rays
Timeless days

Giggling with friends
No need for amends
Every moment transcends

Secrets shared
Hearts bared
Completely unprepared

Days so bold
Stories untold
Memories of gold

Chasing fireflies
Starry skies
Laughs that never die

Kite flying high
Cookies baked by
Mom's loving eye

Hide and seek
Faces peek
Squeals with every shriek

Swinging high
Touch the sky
Never asking why

Snowball fights
Winter nights
Warm by the firelight

12. The Broken Unbroken Dream

When you dream of a distant shore,
And yet tread on familiar ground
, Dreams, they take a piece of your core
, In whispers, not making a sound.

Why do dreams demand so much?
Draining life from your very soul,
A constant race, an endless rush,
In the quest to make you whole.

They pull you from your very self,
A shadow of what you used to be,
Bargain away your inner wealth,
In the name of destiny.

Yet, why must everything be sacrificed?
For a vision, a fleeting gleam,
Is there not more to this life,

Than just a half-fulfilled dream?
In these moments, find your heart,
Balance dreams with who you are,
For even if your dreams depart,
You remain your brightest star.

So, let your dreams be your guide,
But don't lose sight of who you are,
In the ebb and flow of life's tide,
Let your spirit shine like a star.

Remember, dreams are but a part,
Of the person you're meant to be,
Cherish them, but guard your heart,
For in the end, it's you who's free.

"Embrace the journey, with heart and soul,
For dreams are fragments of a greater whole."
When you dream of lands afar,
Yet walk on paths you've always known,
Dreams carve deep within your heart,
In whispers soft, in gentle tones.

Why do dreams stake such a claim?
Drawing life from soul's deep well,
A ceaseless race, a restless game,
In the quest where dreams compel.

They draw you far from what you are,
A shadow cast from what once shone,
Barter away your inner star,
In pursuit of destinies unknown.

Must all be lost for dreams' delight?
For visions that so briefly gleam,
Is there no more to this great life,
Than half of a fulfilled dream?
In these moments, seek your core,
Balance dreams with self's true grace,
For even as dreams come and go,
You remain, your brightest face.

Let dreams guide yet never blind,
Hold fast to who you truly are,
In life's ebb and flowing tide,
Shine ever bright, your steady star.

Remember, dreams are but a thread,
In the tapestry of who you'll be,
Embrace them yet guard your heart,
For in the end, it's you who's free.

In the canvas of your dreams,
Paint with strokes both bold and free,

Each hue a blend of what it means,
To seek, to grow, to simply be.

For dreams, they are a guiding light,
But let them not consume your way,
Hold firm your ground with all your might,
While chasing dawns of a new day.

Remember paths that brought you here,
The roots that keep you standing strong,
For in the blend of hope and fear,
Is where your true self does belong.

Let passion fuel your inner fire,
And wisdom be your steady friend,
In this journey, you'll aspire,
To reach horizons without end.

So march ahead with courage bright,
With dreams that shimmer in your eyes,
But never lose your own pure light,
For it's you who makes the skies rise.

13. एक सपना देखा आज
**क्यों है वो मुझसे नाराज़

एक सपना देखा आज
क्यों है वो मुझसे नाराज़

सपने थे, रहना साथ था
यहां तक कौनसे कॉलेज जाना है वो भी तय था

कई रास्तों पर साथ चलना था
पता था सपने अलग थे हमारे

उसके सपने जितने मासूम और प्यारे थे
उतने ही मेरे सच्चाई का आईना दिखाने वाले

शायद कोई हम दोनों को देखता तो सोचता
कैसे हैं ये बेस्ट फ्रेंड्स

एक कोमल सी गुड़िया तो
एक शक्ति की दुकान

एक परियों से बाहर नहीं आई

और एक ने कभी परियों पर भरोसा ही नहीं किया

एक को हर पल में जीना आता था
तो एक हमेशा आने वाले कल में

पर एक बात जो सुनी थी
वो सच हो गई

कि जिन्हें जल्दी जाना होता है
वो अपनी जिंदगी खुल के आज में जी लेते हैं

परियों की दुनिया थी उसकी
और क्यों ना हो, किसी परी से कम भी नहीं थी

राजकुमारी सी जिंदगी बिताई
और छोड़ कर चल दी

क्या सपना था
मेरा अपना था

वो लौटी थी सालों बाद
कि थी उसने मुझसे बात

हो गए ना साल दस
आ भी जाओ लौट के अब

ज्ञात है हमें दुनिया असली है ऐ

पर काश असली जिंदगी में भी जाने वाले लौट पाते

तो क्या दिन होता वो भी
क्या हम भी होते

खुश होती दुनिया हमारी
दूर कहीं गम भी तो होते

क्या नजारा होता जब वो लौट आई होती
खुश हम और हमारा बचपन लौटा होता

मानो सालों बाद नाचने का मन किया होता
और एक ही दिन में बचपन से हम जवान होना होता

उसका गुड़िया के साथ खेलना
हर पल खिलखिलाना देखने का मौका मिला होता

और इतने सालों की बातें भी तो बतानी होती
कितने जन्मदिन बीत गए उन्हें भी मानने होते

याद करते वो रंग-बिरंगी ग्लू स्टिक
जिन्हें ढूँढते पूरा बाजार घुमाया था

वो इतवार याद करते
जब हमने अपने विद्यालय बनाए थे

और पता ही उसने उस विद्यालय का

क्या यूनिफार्म रखा था

उसके सपनों वाला
बड़े से घेरे का ड्रेस

पूछती उससे की क्या याद है उसे
कि किस तरह हम हमारे साथ किसी और को खेलने नहीं देते

वो कागज के पैसे
जिनसे हम घर खरीदते

सारी सहेलियों को वापस से साथ लाना होता
जो उसके जाने के बाद मानो हमने जानती ही नहीं थी

जो सपना पहाड़ों का हमारा था
जिसे छोड़ अधूरा वो गई पर अब पूरा था

हम यादें दोहराते
जब कॉपी में दोस्तों के फोटो चिपकाने

कैसे हमने तुरंत एक दूसरे की फोटो मांगे
दिखा देती उसे कि अभी भी वो मैंने संभाले

वो चैन जो मेरे नाम के अक्षर वाली
दी थी उसने मुझे दिन दोस्ती वाली

उसका हर तोहफा जो मैंने उसे समझ संभाला था

अब उसे भी तो सम्भाल लिया होता

अगर वो हकीकत में लौटी होती
यदि ये परियों की दुनिया होती

सच तो आखिर सच ही
रह गई अब बस यादें हैं

आशा अभी भी है
कि काश वो कहीं से मुझे देख रही हो

और उसकी खिलखिलाती आवाज में पूछे
तुम क्यों इतनी अकेली हो

तो मैं उसे बता सकूं कि
बचपन बस तुम्हारे साथ ही था

फिर तो हम बड़े हो गए
दोस्ती गई, वो मुकाम गया

जाने तुम्हारे साथ हम भी कहीं खो गए
तुम जैसे खुश रहने की कोशिश करती हूं

पर नहीं रह पाती
हँसती तो हूं पर खुश नहीं हो पाती

और फ्रेंडशिप डे जो हमारे लिए जश्न था

अब शायद बस एक नया दिन लगता है

ना अपने नाम वाले फ्रेंडशिप बैंड लेना रहा
ना अब पता चलता है कि कौनसा नया बैंड आया है

पर हर पल याद आती हो तुम
To My Bestest Friend Ever Nirja

14. मैं खुद की हूँ

भाई की
पिता की
पति की
बेटे की
नहीं, मैं खुद की हूँ

बहन
बेटी
बीवी
माँ
होने से पहले मैं भी कुछ हूँ

जायदाद नहीं, इंसान हूँ
कोरे पन्ने सी हूँ
रूप काली का समाई हुई हूँ

ढेरों रंग है समाए मुझमें
फिर क्यों किसी की गलती के दाग
आके मुझे रुलाते हैं

मैं जानती हूँ मैं कौन हूँ
ना भाई की
ना पिता की
ना पति की
ना बेटे की
मैं मैं हूँ
कोई चीज़ नहीं, इंसान हूँ
बॉक्सिंग की पंचिंग बैग नहीं
खुद एक औरत हूँ

है हिम्मत मुझ में भी
पर उसे दिखाने के लिए मैं तुम नहीं

पहचानों मुझे, मैं भी इंसान हूँ
रोबोट नहीं, जो तुम्हारी हर बात माने
हाँ, कभी-कभी मान भी जाऊं,
तो वो मेरे संस्कार हैं,
नहीं तुम्हारा डर

मेरी इच्छाएँ और सपने भी हैं,
मेरे भी विचार और अपने हैं।
हर रिश्ते में मैं अपनी पहचान रखूं,
अपने आत्म-सम्मान को कभी ना बिखरूं।

किसी की परछाई नहीं, मैं अपनी रोशनी हूँ,
अपनी राह खुद चुनूं, खुद ही अपनी कहानी हूँ।
मेरे फैसले, मेरी मंज़िल, मेरी पहचान,

मैं खुद की हूँ, खुद पर अभिमान।

नहीं रुकती मेरी चाहतें यहाँ,
मैं एक धारा हूँ, बहती रही वहाँ।
अपनी शक्ति में अडिग हूँ मैं,
अपने अधिकारों की संघर्षशील माँग हूँ मैं।

जो भी बाधाएँ आएँ रस्ते में,
अपने पैरों पर मैं खड़ी रहूँ हर दम।
ना कोई मेरे हौसले को झुका सके,
ना कोई मेरी हिम्मत को मिटा सके।
क्योंकि में खुद हु
में खुद की हु।

15. दुनिया बदलने निकली हूँ

दुनिया बदलने निकली हूँ,
उसी बदली हुई दुनिया का मैं स्वरूप हूँ
पर शायद अनुरूप नहीं हूँ मैं आज के लिए
मिलती नहीं हूँ दुनिया से
क्योंकि समझ नहीं है दुनिया की
या शायद बहुत समझती हूँ मैं दुनिया को

राहें बदल गईं, मंज़िलें बदल गईं,
पर मेरे इरादे नहीं बदले,
उड़ान भरते सपनों की तलाश में,
मैं अभी भी वहीं खड़ी हूँ।

फूल बदलते हैं, बाग़ बदलते हैं,
पर महक वही रहती है,
दुनिया चाहे लाख बदल जाए,
पर मेरी पहचान वही रहती है।

आने वाला कल और भी रोमांचक होगा,
जब हर कण, हर बूँद, हर पल, एक नयी दिशा देगी,

मैं आगे बढ़ती रहूँगी, नई तकनीक और नवाचार के साथ,
अपनी खुद की राह बनाने की उम्मीद के साथ।

कोई भी आर्टिफिशियल इंटेलिजेंस या मशीन,
नहीं छीन सकती मेरे मानव होने का एहसास,
जबतक दिल धड़कता है और सपने जागते हैं,
मैं अपनी दुनिया को और भी सुंदर बनाऊँगी।
यहाँ कुछ और गहरे पैराग्राफ जो आपकी कविता को और मजबूत
और अर्थपूर्ण बनाते हैं:

परिवर्तन की लहरों में जोश है,
हर चुनौती में एक नया मौका है।
हर कदम जो मैं उठाती हूँ,
वो मुझे मेरी मंजिल के करीब लाती है।

स्वतंत्रता की खोज में लगी हूँ,
हर बंधन को तोड़ने की ठानी है।
नए सपनों के आसमान में,
मैं अपनी उड़ान भरने वाली कहानी हूँ।

रातों को सपने देखते हुए,
दिनों को हकीकत बनाते हुए।
हर हार में छिपी हुई जीत को,
मैं अपनी नई पहचान बनाती हूँ।

दुनिया के बदलने से मुझे फर्क नहीं,
मेरे दिल की धड़कन मेरी पहचान है।

हर बदलती रीतियों के बीच,
मैं अपनी अनमोल मुस्कान हूँ।

मेरा संघर्ष, मेरी ताकत का प्रतीक है,
मेरी हिम्मत, मेरे सफर का साथी है।
हर पल, हर घड़ी, हर दिन,
मैं अपनी रोशनी खुद बुनती हूँ।

मुझे किसी से पहचान की नहीं जरूरत,
मेरा अस्तित्व, मेरी पहचान की कहानी है।
स्वप्न और वास्तविकता के बीच,
मैं अपनी दुनिया की रचयिता हूँ।

16. भाई की अहमियत

एक भाई की अहमियत उसे पूछो जिसने भाई खोया है,
वो भाई जो माँ-पापा के बाद सबसे अपना अभी भी है।

वो था तो त्योहारों में खुशियाँ थीं,
अब त्योहार तो आते हैं, पर सूनापन साथ लाते हैं।

वो तब गया जब बहनों को उसकी ज़रूरत थी सबसे ज़्यादा,
काश आज वो होता, तो दिन कुछ और ही होते शायद।

अब बची हैं सिर्फ यादें, इस डर के साथ,
कि वो यादें कभी भी फीकी न पड़ जाएँ साथ।

उसकी हँसी-खुशी अब भी कानों में गूंजती है,
जैसे वो हमारे साथ ही बैठा होता है।

हर मुश्किल घड़ी में उसका साथ देना याद है,
उसकी कमी को हम सब मिलकर संभालते हैं।

वो साथ होता तो हमारे दर्द को समझ पाता,
हर पल में खुशियाँ वो लौटा लाता।

पर उसकी याद बस एक तसल्ली सी है अब,
उसके बिना ज़िन्दगी है एक अधूरा सा ख्वाब।

जो रिश्ते उसने बनाए वो सब अब भी ज़िंदा हैं,
उसकी याद में हमारा दिल अब भी धड़कता है।

एक दिन फिर मिलेंगे हम उसी जगह पे,
जहाँ वो हमारा इंतज़ार कर रहा होगा, एक मुस्कान के साथ।

उसके बिना ये जहाँ कितना भी अधूरा लगे,
उसकी याद ही है जो हमारे दिल को थोड़ा सुकून दे।

एक भाई की अहमियत उसे पूछो जिसने भाई खोया है,
उसकी याद में जीते हैं, उसकी याद में रोए हैं।

17. बहन तू ज़िंदगी ऐसी जी ले

बहन तू ज़िन्दगी यूँ जी ले
जैसे कि हर लम्हा तेरी महफ़िल हो,
कि कोई तुझे कुछ सिखा ना सके
जैसे तू खुद अपनी तकदीर हो।

कोई तुझे गलत ठहरा ना सके
तेरी हिम्मत का कोई जवाब ना हो,
कोई कह ना सके कि तुझे कुछ आता नहीं
जैसे हर हुनर तुझमें बसा हो।

तू जी ले ज़िन्दगी इस तरह
कि सूरज की किरणें भी तेरे आगे फीकी हो जाएं,
कि सितारें भी तेरी राहों का पता पूछें
तेरी चमक से ये जगमगाए।

तेरी हिम्मत, तेरी उड़ान की कहानियाँ
हर दिल में गूंज उठें,
कोई रुकावट, कोई बंदिश ना रोके तुझको
तू हर मुश्किल को पल में जीते।

कोई ना कह सके कि तू रुकना चाहे
तूने ज़िन्दगी का हर पल खुद के नाम किया,
जैसे हर सांस तेरे गीत गुनगुनाए
तूने अपना हर सपना साकार किया।

तेरी मुस्कान हो हर सुबह की शुरुआत,
तेरी हिम्मत हो हर रात की रौशनी,
अपनी राहें खुद बना, अपनी दुनिया खुद सजा,
हर मंजिल तेरे कदमों में हो, हर सपना हकीकत बना।

अपने पंखों से उड़ान भर, आज़ाद रह आसमान में,
ना कोई बंधन तुझे रोक सके, ना कोई दीवार तुझे थाम सके।
तेरे कदमों में हो हर राह की कसम,
तू बन अपनी कहानी, तू हो अपनी दुनिया की रानी।

तेरी जिंदादिली से हर दिल रोशन हो जाए,
तेरे सपनों की चमक से हर रास्ता गले मिले।
तूने जो चाहा वो तू पा सके,
तेरी ज़िन्दगी हो एक मिसाल, हर किसी के लिए।

18. यादों में ज़िंदा है वो

यादों में ज़िंदा है वो
बीतें यादें ना भूल पाने के अपने ही फ़ायदे हैं
जो ज़िंदगी में नहीं, यादों में ज़िंदा है

भाई, तू ना होते हुए भी हमारे साथ जीता है

तेरे बगैर,
बचपन अधूरा
ना होता तू अगर, बचपन किसे कहते
तू छोटा नहीं था, मेरे लिए बच्चा भी बन जाता था
मेरे साथ नारियल के पन्ने पे मोटर कौन चलाता
साइकिल पे बैठाके पहाड़ियों की सैर कौन कराता

तेरे बगैर,
त्योहार अधूरे
ना होता तू अगर, लैंटेन कौन लगाता
तेरी आवाज़ों से घर को कौन जगमगाता
दिवाली के बड़े फटाके कौन जलवाता
ज़्यादा फटाके जलाने पर पापा की डांट से कौन बचाता

तेरे बगैर,
जश्न अधूरे
ना होता तू अगर, मेरे हर जन्मदिन पे घर कौन सजाता
मुझसे ज़्यादा ख़ुश कौन होता
मुझे उठाके गुब्बारे कौन फोड़ता

तेरे बगैर,
हर राखी अधूरी
ना होता तू अगर, हम तीनों बहनें राखी किसे बांधते
तू ही था पापा के अलावा जिसके साथ हम बेफिक्र होते
भरोसा था तुझ पर कि तेरे होते सुरक्षित हैं हम

तेरे बगैर,
पापा भी अधूरे
ना होता तू अगर, पापा के साथ पार्क कौन जाता
तेरी हँसी से घर का कोना-कोना कौन सजाता
पापा की कहानियों को ध्यान से कौन सुनता
उनके साथ खेल के मैदान में कौन दौड़ता

अब तो बस,
हर साल
त्योहार आते और चले जाते हैं
एक त्योहार नहीं गुज़रता कि तेरी याद ना आई हो
जश्न बस हो जाते हैं
ऐसा कभी नहीं होता कि तेरी कमी ना खलती हो
एक राखी ना गुज़रती कि हम रोये ना हों

पता है, मुमकिन नहीं पर
लगता है किसी रोज़ तू हमारे सामने आके कहे कि
ज़िंदा हूँ मैं
तुझे आख़िरी बार अलविदा तो कह सकें

पर तू है हमारे साथ
हमारी यादों में तू ज़िंदा है, तू
यादों में तू ज़िंदा है

तेरे बिना भी, हम आगे बढ़े हैं,
तेरी यादों के सहारे हम सहे हैं।
तेरा प्यार हमारे दिलों में बसा है,
तू था, तू है, और तू हमेशा रहेगा।

भाई, तेरी कमी को कोई पूरा नहीं कर सकता,
पर तेरी यादें हमें मजबूत बनाए रखती हैं।
हमारी हर हँसी, हर आँसू में तू शामिल है,
यादों में जिंदा है तू, हमारी रूह में तू शामिल है।

19. पहाड़ पुकारते हे मुझे

वो पुकारते हैं मुझे
पता नहीं खिंचाव है उनके तरफ,
ऊँची से ऊँची चोटी पे जाना चाहते हैं
वो पहाड़ मानो मुझसे कुछ कहते हैं
जितनी बार जाओ उतनी बार अपनाते हैं मुझे।

वो हल्की सी सुबह की रोशनी,
दोपहर की तेज सूरज की किरणें,
वो तेज हवाएँ,
शाम में पड़ती ठंडी,
याद आती है मुझे।

दिन में कैसे तो मंजिल पे पहुँचना,
ब्रेक पॉइंट्स ऑर्डर मिलते ही रकसैक को फेंक देना,
2-2 किलोमीटर तक पानी ढूँढना,
ढलानों पे फिसलना,
चढ़ाई आते ही जान की आना।

छाँव आते ही सबका खुश हो जाना,
और धूप निकलते ही धीरे-धीरे चलने लगना,

पानी का झरना दिखने पे लगना अमृत मिल गया हो,
हर पल सो हंस की काश ये आख़िरी मोड़ हो।

आख़िरी मोड़ के इंतजार में घंटों चल जाना,
पर जैसे ही वो मोड़ दिखे वो नजारा देख रुक जाना,
लकड़ियों पे से बहते पानी को पार करना,
और एक दूसरे को सहारा देते और लेते टेंट पहुँचके
बस सोने का मन करना।

रात को जबरदस्ती खाना खाना,
और स्लीपिंग बैग में ऐसे सो जाना मानो माँ की गोद में सोये हो,
कुछ टास्क ज्यादा मुश्किल लगने पे तो देना।

तेजी से उतर जाना,
पथ्थरों पर चढ़ना,
रस्सी पर लटकना,
याद है मुझे।

याद है वो पहाड़ों की खूबसूरती,
उनकी बेदर्दी भी याद है,
पर फिर भी पुकारते हैं वो मुझे,
मानो उस चोटी पे फिर से बुलाते हैं मुझे।

हर सफर में एक नई कहानी,
हर मोड़ पर एक नई चुनौती,
पर इन पहाड़ों में, मिलता है सुकून,
जैसे हर कठिनाई के बाद, मिलती है धूप।

रास्ते कठिन हैं, लेकिन हौंसले बुलंद हैं,
हर कदम पर नई उम्मीदें, हर मोड़ पर नई मंजिलें।
इन पहाड़ों में जीने का तरीका सीखता हूँ,
हर कठिनाई को पार करने की ताकत पाता हूँ।

जब सूरज की पहली किरणें बर्फ़ को चूमती हैं,
और ऊंची चोटियों पर सवेरा दस्तक देता है,
उस पल में मिलता है अनंत शांति,
जो मुझे हर रोज़ पुकारती है।

ये पहाड़, जैसे दोस्ती की पुकार,
हर बार बुलाते हैं, हर बार अपनाते हैं,
समय की सीमाओं से परे,
ये अनंत बुलावा है, जो कभी थमता नहीं।

यात्रा चाहे जितनी लंबी हो,
पसारते हैं ये अपने बाहें,
हर चोटी एक नई उपलब्धि है,
हर घाटी में एक नई कहानी बसी है।

20. सोचो उस पिता का प्यार कितना होगा

सोचो उस पिता का प्यार कितना होगा
जो कड़कती धूप में साइकिल के पैडल मार के खुद दर्द में है पर अपने
बच्चों को मोटर साइकिल का मजा देना चाहता हो

सोचो उस महान आत्मा का प्यार कितना होगा
जो दिनभर थक हार कर घर वापस आता है पर हमारी एक पुकार पर
तुरंत साइकिल के पहिये मार हमें पूरा गांव घूमता है

सोचो उस व्यक्ति का प्यार कितना होगा
जो खुद की परवाह न कर बस हमारे सारे नखरे हस्ते-हस्ते उठाता है

बिना कहे ही जो हमारी जरूरतें समझ जाता है,
जिसकी आंखों में हमारे लिए हमेशा उम्मीद चमकती है,
जो हर मुश्किल में हमारा सहारा बनता है, वह है पिता।

हमारी छोटी-छोटी खुशियों के लिए,
जो अपनी बड़ी-बड़ी ख्वाहिशों को छोड़ देता है,

उसका प्यार कितना महान और निश्छल होता है।

एक रोटी मिलने पर उसमें से महज एक निवाला खा कर जिसका पेट
भर जाता है ताकि हम ज्यादा खा सके वह है पिता

माँ तो पहले ही अपना सबकुछ छोड़ कर आयी थी
पर जब हम आए पापा उसी एक पल में बड़े हो गए
जो लड़का अपने लिए सपने देखते नहीं थकता वो अब खुद को ही
भूल गया

उन्हें भी कभी कोई चीजें पसंद होंगी
उन्हें भी कभी तोफे पसंद होंगे
रंग-बिरंगी गोलियां देखते कभी उनका भी तो मन करता होगा

जिसने हमें चलना सिखाया उसी को हम कहते हैं आपको कुछ समझ
नहीं आता

कुर्बानियां सिर्फ माँ की क्यों पापा की भी देखो

पर फिर भी क्यों हमें वो कभी दिखाई नहीं देते
क्यों हमें वो समझ नहीं आते या फिर यह कहें कि हम उन्हें समझना
ही नहीं चाहते

21. शक्ति का वो अद्भुत स्तंभ

शक्ति का वो अद्भुत स्तंभ,
जीवन का वो अमूल्य सहारा,
सभी को जोड़े रखे, हर दिन हर पहर,
नारी का वो सजीव आदर्श।

कठिनाइयाँ आईं पर नहीं मानी हार,
मुस्कुराती रही, संजीवनी बन कर।
दुखों को सहा पर रुकी नहीं,
सुखों में भी, शांत और स्थिर।

बार-बार गिराई गई, पर नहीं गिरी,
अन्यों को उठाने का हौसला दिया।
झुकाने की कोशिशें नाकाम रहीं,
गर्दन को ऊंचा रखती रही।

मोड़ने का प्रयास हुआ, पर वह नहीं मुड़ी,
सदैव दूसरों को सीधा किया।
भगवान की वो वंदना हे

संघर्ष इतना कि सह पाना कठिन,

तकलीफ इतनी कि जी पाना मुश्किल।
बलिदान इतना कि रुक पाना मुमकिन नहीं।

फिर भी हमारी खुशियों का ख्याल रखती,
न जाने कहाँ से पाती है इतनी हिम्मत,
हमारे लिए वो है सबसे जरुरी,
वो है हमारी शक्ति, हमारा प्रेरणा स्रोत।

नारी की शक्ति का ये अद्भुत रूप,
सभी के दिलों में जगाता अचूक उम्मीद।
वो है सजीव प्रेरणा, हर कठिनाई की ढाल,
जीवन के हर मोड़ पर बनती मिसाल।

23. वो गाव यादों का

मिट्टी में बसी एक महक सी,
आसमान में पुरानी यादों का रंग सा,
पहाड़ी पर छुपा बचपन,
खेलते बच्चे और उनके वो अनमोल पल।

घाघर की सरसराहट,
टायर रेस की होड़ में,
गिल्ली डंडे के खेल,
और सादगी की जीवनधारा।

ग्रामीण जीवन की सरलता,
हरियाली और शांति का सामंजस्य,
मातृभूमि की गोद में समर्पण,
कृषि और परंपरा का सन्यास।

इस जीवन में छुपी धड़कन,
अनुकूलता और उदारता,
सहजता और साहचर्य,
स्नेह और संतोष की गाथा।

यहाँ हर पल में बसती है प्रेम की महक,
स्वावलंबन और सहयोग का अमृत,
स्वच्छता और संवेदनशीलता की परिभाषा,
प्राकृतिक और स्वस्थ जीवन की उपमा।

गाँव का जीवन,
शांतिपूर्ण और पारंपरिक,
संपन्नता और सरलता का प्रतीक,
संस्कृतिक और धैर्यशील,
स्नेहमयी और समर्पण का मंज़र।

भोर की पहली किरण,
और गाँव की पगडंडियों का सफर,
बचपन की सजीव स्मृतियाँ,
वो सादगी भरा जीवन।

मिट्टी की सौंधी खुशबू,
आसमान में उड़ते पतंग,
पहाड़ी की हरी चादर,
खेलते बच्चों की खिलखिलाहट।

घाघर की छमछम,
टायर रेस की शोर,
गिल्ली डंडे की महिमा,
सादगी में छुपी मुस्कान।

शांतिपूर्ण ग्रामीण जीवन,

स्वावलंबी और स्वच्छ,
कृषि का स्वर्णिम भविष्य,
हरियाली का फैलता आंचल।

मातृभूमि की स्नेहमयी गोद,
संपन्नता और सरलता की धुन,
संवेदनशीलता की गहराई,
अनुकूलता का अनमोल उपहार।

सहयोग की भावना,
प्राकृतिक सौंदर्य का आलिंगन,
धैर्यशीलता का संकल्प,
संस्कृतिक का अभिन्न हिस्सा।

स्नेहपूर्ण यादें,
उदारता का अभिषेक,
प्राकृतिक जीवन की महक,
स्नेहमयी धरोहर की पहचान।

इन पंक्तियों में बसे गाँव के जीवन की सादगी और सुंदरता,
हर शब्द में महसूस हो स्नेह और अपनापन,
जीवन का सही अर्थ समझाती हैं ये पंक्तियाँ,
गाँव की मिट्टी में बसी एक अनमोल धरोहर की कहानी।

24. Grow her up

Grow her up

Grow her up to live
Grow her up not to leave

Let her dreams take flight,
In the boundless sky so bright.
Not just a bride to be,
But a force of destiny.

Her path, let it be her own,
With courage, let her be shown.
In wisdom, strength and grace,
Empower her to find her place.

Grow her up with wings to soar,
With knowledge, skills and so much more.
Not confined within four walls,
But rising above all calls.

Encourage her to lead,
In every field to succeed.
In her laughter, let joy gleam,
In her heart, a burning dream.

Grow her up *to be profound,*
A voice that makes a sound.
For every daughter's worth,
Is far beyond her birth.

Nurture her to make a mark,
In the world, a shining spark.
Grow her up *to live,*
Grow her up, *to never leave.*

Celebrate her light, so pure,
In her, let the world be sure.
Not just to marry, but to grow,
In her, let brilliance flow.

Let her ambitions shine so bright,
In every endeavor, day and night.
Support her journey with love and pride,
In her strength, let dreams abide.

Teach her to stand tall and strong,
In a world where she belongs.

Let no barrier ever confine,
Her spirit fierce, her will divine.

Grow her to be a beacon of light,
With compassion and insight.
In her heart, let courage bloom,
Beyond the limits of any room.

Celebrate her for all she can be,
An artist, scientist, leader—free.
Grow her up with vision wide,
With boundless possibilities at her side.

Encourage her to pave her way,
With resilience every day.
Grow her up to thrive and lead,
In her success, the world to heed.

25. Guiding Light

In homes, we're taught beliefs of old,
Ancestral wisdom, a heritage gold.
But what shapes our deeper core,
Is the education that we explore.

Books, they serve as guiding light,
Stories that illuminate the night.
Chapters filled with life untold,
Experience shared, as pages unfold.

Not always must we taste each pain,
To understand, to gain our grain.
Education brings the world to you,
A journey vast, fresh and new.

Through learning, character is refined,
A noble heart, a thoughtful mind.
Not just knowledge, but wisdom gained,
In each lesson, deep truths explained.

Books and schools, they pave the way,
To live a life both wise and gray.
Through education, horizons expand,
Guiding us with a gentle hand.

In pursuit of wisdom, we grow,
With every page, we learn and show.
That to be good, to be sincere,
Education's light must always be near.

Let learning be our steadfast guide,
With open hearts and minds wide.
For in knowledge, we find our call,
In education, we stand tall.

Taught in homes are beliefs profound,
Ancestral truths that make us sound.
But education, it sculpts our soul,
Guiding us towards our ultimate goal.

In books, we find a world so vast,
With stories that in memories last.
Each chapter a lesson, a tale to weave,
An experience, a thought to believe.

One need not touch the flame to know,
The pain it brings, the hurt it sows.

For education's tender touch,
Teaches life without the clutch.

Through learning, we become more wise,
Seeing the world through clearer eyes.
In classrooms, our minds expand,
With every fact, with every command.

Not just the facts, but morals too,
Education shapes our view.
To think, to reason, to understand,
In every book, a guiding hand.

The wisdom in a teacher's word,
The stories that we've often heard.
Combine to form a solid ground,
On which our character is bound.

For knowledge builds a strong foundation,
And leads us towards our aspiration.
So let us learn, with hearts so bright,
In education, we find our light.